Hoch wie ein Flummi - Neue Spiellieder für die Kleinsten.

Das Liederbuch mit allen Texten, Noten und Gitarrengriffen zum Mitsingen und Mitspielen

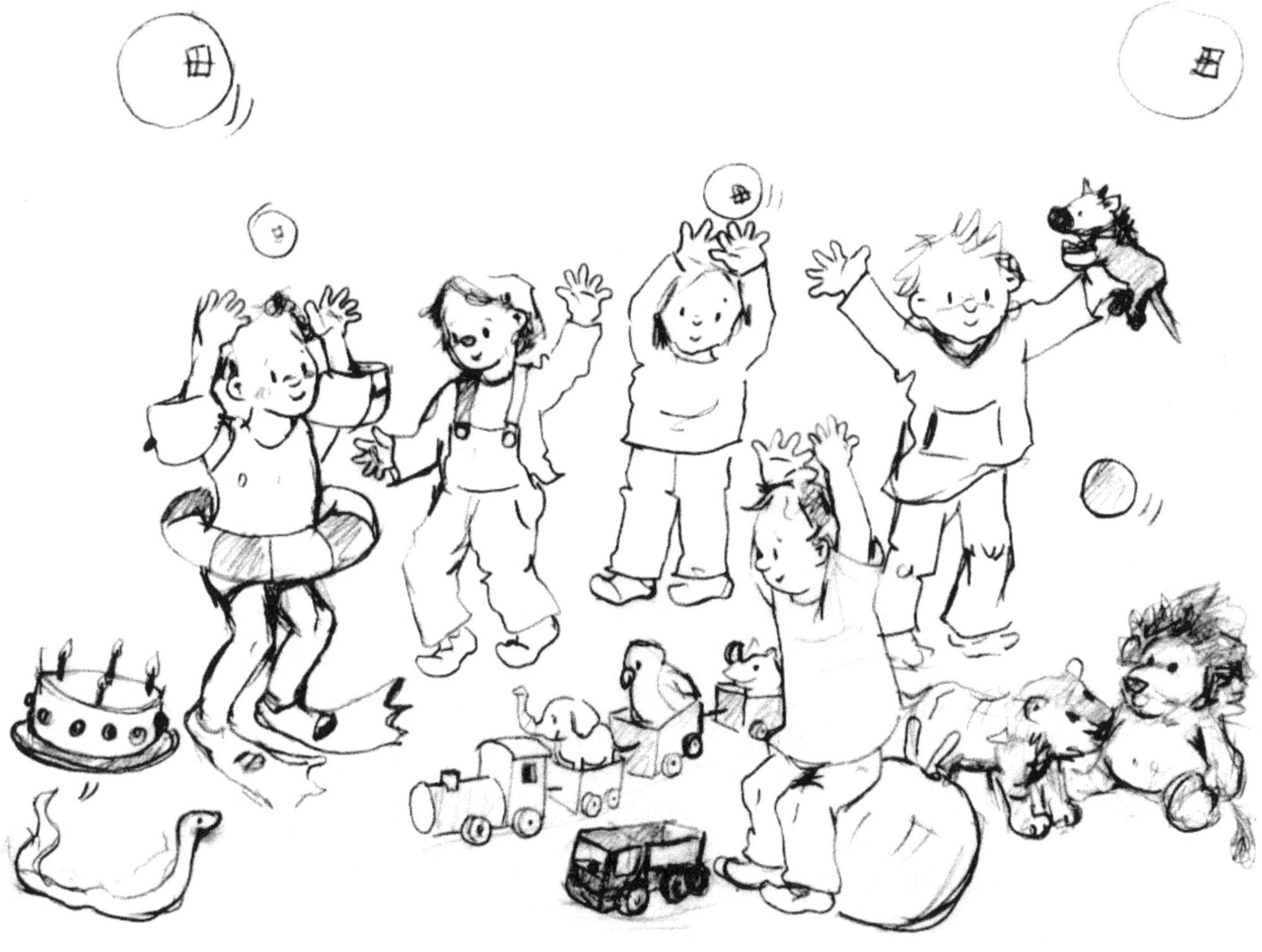

Neue Kinderlieder von und mit Stephen Janetzko

Copyright © 2016 Verlag Stephen Janetzko, Erlangen
www.kinderliederhits.de
Alle Lieder verlegt bei Edition SEEBÄR- Musik Stephen Janetzko, Erlangen
Online-Shop im Internet unter ***www.kinderlieder-shop.de***
Coverzeichnung/Illustration: Petra Lefin - Covergrafik: Stephen Janetzko
Notensatz, grafische Vorbereitung und Idee: Stephen Janetzko
All rights reserved.

ISBN-10: 3957222338

ISBN-13: 978-3-95722-233-6

Inhaltsverzeichnis

Lied: | **Seitenzahl:**

Lied	Seitenzahl
Hoch wie ein Flummi (Flummi-Tanz)	4
Die Eisenbahn, die Eisenbahn	5
Wir tanzen jetzt im Kreis herum (Kinder-Kreis-Tanzlied)	6
Das Verkehrslied	7
Geburtstag ist heut!	8
Im Zoo, da geht es munter zu	9
Ich bin schon ein großes Kind	10
Das kleine Pony Tilly	11
Nach oben nach unten!	12
Wir gehen schwimmen	13
Eine lange Schlange	14
Kleiner Löwe, kleiner Tiger	15

Hoch wie ein Flummi (Flummi-Tanz)

Text und Musik: Stephen Janetzko; CD "Hoch wie ein Flummi"
© Edition SEEBÄR-Musik Stephen Janetzko, www.kinderliederhits.de

Refrain: Hoch wie ein Flum-mi, du denkst, ich bin aus Gum-mi. Hoch wie ein Flum-mi, ich spring hoch, hoch, hoch. hoch. 1. Zeig mir dei-ne rech-te Hand, und wink zu mir her. Zeig mir dei-ne rech-te Hand, das ist gar nicht schwer.

Refrain: Hoch wie ein Flummi...

2. Zeig mir deine linken Hand...
3. Zeig mir deinen rechten Fuß...
4. Zeig mir deinen linken Fuß...
5. Zeig mir deinen kleinen Bauch...
6. Zeig mir deinen kleinen Po...
7. Zeig mir mal dein wildes Haar...

Spielanregung:
Wir tanzen den Flummitanz. Alle hüpfen zum Refrain wie ein springender Flummi. In den Strophen winken wir mit den jeweiligen Körperteilen, was vor allem mit Bauch, Po und Haaren sehr lustig ist.
Kann beliebig ergänzt oder ausgetauscht werden.

Die Eisenbahn, die Eisenbahn

Text: Constanze Grüger mit Stephen Janetzko; Musik: Stephen Janetzko; CD "Hoch wie ein Flummi"
© Edition SEEBÄR-Musik Stephen Janetzko, www.kinderliederhits.de

Refrain: Die Eisenbahn, die Eisenbahn, husch, husch, Eisenbahn. Die Eisenbahn, die Eisenbahn, heute wollen wir mitfahr'n.

1. Erst fängt die Lok ganz langsam an,
es geht Schritt vor Schritt,
es geht Schritt vor Schritt.
Nun zeigt sie, dass sie schneller kann,
das ist ja der Hit,
das ist ja der Hit.
Refrain: Die Eisenbahn, die Eisenbahn...

3. Jetzt rauscht der Zug den Berg hinab,
fasst euch feste an,
fasst euch feste an.
Die Eisenbahn geht mächtig ab,
rast so schnell sie kann,
rast so schnell sie kann.
Refrain: Die Eisenbahn, die Eisenbahn...

4. Die Bahn fährt auf den Tunnel zu,
sie macht sich ganz klein,
sie macht sich ganz klein,
und rollt hindurch mit großer Ruh,
schaltet Lichter ein,
schaltet Lichter ein.
Refrain: Die Eisenbahn, die Eisenbahn...

5. Und Kurven fährt der Zug ganz viel,
recht und links herum,
recht und links herum.
Da vorne seht ihr schon das Ziel,
er wird langsam stumm,
er wird langsam stumm.
Refrain: Die Eisenbahn, die Eisenbahn...

Spielanregung:
Bei diesem Lied gehen die Kinder in Handfassung wie eine Schlange durch den Raum.
Die Strophen werden in Bewegung umgesetzt.

Wir tanzen jetzt im Kreis herum
(Kinder-Kreis-Tanzlied)

Text und Musik: Stephen Janetzko; CD "Hoch wie ein Flummi"
© Edition SEEBÄR-Musik Stephen Janetzko, www.kinderliederhits.de

1. Wir tanzen jetzt im Kreis herum, und alle tanzen mit. Wir tanzen jetzt im Kreis herum, und alle tanzen mit. Einen Schritt nach vorn, einen Schritt zurück. Wir tanzen jetzt im Kreis herum, und alle tanzen mit.

2. Wir tanzen jetzt ...
Streck die Arme hoch, streck die Arme hoch.
Wir tanzen...

3. Wir tanzen jetzt ...
Drehn uns rundherum, drehn uns rundherum.
Wir tanzen...

4. Wir tanzen jetzt ...
Gehen in die Knie, gehen in die Knie.
Wir tanzen...

5. Wir tanzen jetzt ...
Klatschen in die Hand, klatschen in die Hand.
Wir tanzen...

6. Wir tanzen jetzt ...
Schwimmen wie ein Fisch,
schwimmen wie ein Fisch. Wir tanzen...

7. Wir tanzen jetzt ...
Stampfen mit dem Fuß, stampfen mit dem Fuß.
Wir tanzen...

8. Wir tanzen jetzt ...
Springen in die Luft, springen in die Luft.
Wir tanzen...

9. Wir tanzen jetzt ...
Einen Schritt nach rechts, einen Schritt nach links.
Wir tanzen...

Spielanregung:
Wir halten uns an den Händen im Kreis und tanzen im Uhrzeigersinn. Nach jeder Zeile 1x in die Hände klatschen und die Bewegungsrichtung ändern. Nur die Mitmachbewegungen der 3. Zeile ändern sich mit jeder neuen Strophe (bestimmt fällt euch auch noch mehr ein, was man im Mittelteil machen/singen kann). Danach wieder die Hände der Nachbarn greifen und weitertanzen.

Das Verkehrslied

Text: Constanze Grüger mit Stephen Janetzko; Musik: Stephen Janetzko; CD "Hoch wie ein Flummi"
© Edition SEEBÄR-Musik Stephen Janetzko, www.kinderliederhits.de

Refrain: Schaut mal her, schaut mal her, was ist das, bitte sehr? Heute ist auf unsrer Straße richtig viel Verkehr, richtig viel Verkehr.

1. Die Autos fahren mit viel Schwung, mit viel Schwung, mit viel Schwung um die Kurven mit Gebrumm, mit Gebrumm, mit Gebrumm.
Refrain: Schaut mal her...

2. Die Busse fahren dieses Mal,
dieses Mal, dieses Mal
gemütlich über Berg und Tal,
Berg und Tal, Berg und Tal.
Refrain: Schaut mal her...

3. Die Laster tuckern in der Geraden,
in der Geraden, in der Geraden
langsam und ganz schwer beladen,
schwer beladen, schwer beladen.
Refrain: Schaut mal her...

4. Die Züge bringen uns ans Ziel,
uns ans Ziel, uns ans Ziel,
durch Tunnel rauschen sie sehr viel,
sie sehr viel, sie sehr viel.
Refrain: Schaut mal her...

5. Das Fahrrad fährt mit großer Lust,
großer Lust, großer Lust.
Wir strampeln einfach mit dem Fuß,
mit dem Fuß, mit dem Fuß.
Refrain: Schaut mal her...

Spielanregung:
Die Kinder können frei im Raum spielen. Beim Refrain machen sie nur Seemannsblick zu allen Seiten und bleiben stehen. Dann können sie sich auch ausruhen. In den Strophen spielen sie die Fahrzeuge nach und gehen, laufen, gehen zick-zack oder gebeugt durch den Raum. In Strophe 5 liegen sie auf dem Rücken und "fahren" mit den Füßen in der Luft rad.

Geburtstag ist heut'!

Text und Musik: Stephen Janetzko; CD "Hoch wie ein Flummi"
© Edition SEEBÄR-Musik Stephen Janetzko, www.kinderliederhits.de

Refrain: Ge-burts-tag ist heut', drum fei-ern al-le Leut'! Wir freun uns mit dir und gra-tu-lie-ren dir! 1. Der Tisch ist ge-deckt, die Ker-zen sind schon an. Wie gut, dass das Fest so schön be-gin-nen kann!

Refrain: Geburtstag ist heut'...

2. Die Gäste sind da, und alle feiern mit.
Zur Feier des Tags erklingt ein schönes Lied!

Refrain: Geburtstag ist heut'...

3. In buntes Papier und Schleife eingehüllt.
Pack's aus, dein Geschenk, schön, wenn es Dir gefällt!

Refrain: Geburtstag ist heut'...

Spielanregung:
Ein einfaches Geburtstagslied für alle Gelegenheiten.
Schon für kleinere Kinder gut singbar.

Im Zoo, da geht es munter zu

Text: Constanze Grüger mit Stephen Janetzko; Musik: Stephen Janetzko; CD "Hoch wie ein Flummi"
© Edition SEEBÄR-Musik Stephen Janetzko, www.kinderliederhits.de

Refrain: Im Zoo, da geht es munter zu, die Tiere geben niemals Ruh.
Alle Tiere groß und klein wollen heute bei uns sein.

1. Schaut den Affen euch mal an, wie der Affe klettern kann,
krault sich gerne Pelz und Fell, einmal langsam und dann schnell.

Refrain: Im Zoo, da geht es munter zu...

2. Schaut den Pinguin euch an,
lustig, wie der watscheln kann.
Mit den Flügeln auf und ab,
ja, so hält er sich auf Trab.

Refrain: Im Zoo, da geht es munter zu...

3. Schaut das Zebra euch mal an,
wie es galoppieren kann.
Es trabt gerne durch das Gras,
daran hat es richtig Spaß.

Refrain: Im Zoo, da geht es munter zu...

4. Seht den Löwen euch mal an,
wie sein Maul er öffnen kann.
Mit den Tatzen, mann-o-mann!
Schaut nur, wie er kratzen kann!

Refrain: Im Zoo, da geht es munter zu...

5. Schaut das Faultier euch mal an,
wie es sich entspannen kann.
Hebt ganz selten mal den Arm,
aber das geht nur ganz lahm.

Refrain: Im Zoo, da geht es munter zu...

Spielanregung:
Hier dürfen die Kinder beim Refrain einzeln frei durch den Raum gehen. Die Strophen werden durch die entsprechenden Bewegungen dort nachgespielt, wo sie gerade stehen.

Ich bin schon ein großes Kind

Text und Musik: Stephen Janetzko; CD "Hoch wie ein Flummi"
© Edition SEEBÄR-Musik Stephen Janetzko, www.kinderliederhits.de

Refrain: Ich bin schon ein gro-ßes Kind! Schaut mal her!
Ich bin schon ein gro-ßes Kind! Schaut mal her! 1. Ich kann schon stehen, ich kann schon springen! Ich kann schon gehen, ich kann schon singen! Seht, seht, seht, was ich kann!

Refrain: Ich bin schon ein großes Kind…

2. Ich kann schon laufen, ich kann schon winken!
Ich kann schon essen, ich kann schon trinken!
Seht, seht, seht, was ich kann!

Refrain: Ich bin schon ein großes Kind…

3. Ich kann schon fliegen, ich kann schon kochen!
Ich kann schon liegen, ich kann schon lochen!
Seht, seht, seht, was ich kann!

Refrain: Ich bin schon ein großes Kind…

4. Ich kann schon riechen, ich kann schon hören!
Ich kann schon kriechen, ich kann schon stören!
Seht, seht, seht, was ich kann!

Refrain: Ich bin schon ein großes Kind…

5. Ich kann schon malen, ich kann schon küssen!
Ich kann schon strahlen, ich kann schon müssen!
Seht, seht, seht, was ich kann!

Refrain: Ich bin schon ein großes Kind…

Spielanleitung: Beim Refrain stellen wir uns hin, strecken die Arme nach oben und zeigen, wie groß wir schon sind! Bei den Strophen einfach die Bewegungen mitmachen, zu "Seht, seht, seht, was ich kann!" drehen wir uns einmal im Kreis und klatschen dazu in die Hände.

Das kleine Pony Tilly (Lied vom Ponyhof)

Text: Constanze Grüger/Stephen Janetzko/Susanne Weyhe; Musik: Stephen Janetzko;
CD "Hoch wie ein Flummi" © Edition SEEBÄR-Musik Stephen Janetzko, www.kinderliederhits.de

Refrain: Das kleine Pony Tilly steht ruhig auf seinem Stroh, erst scharrt es mit den Hufen, und dann macht es so:

1. Das kleine Pony Tilly, das geht nun Schritt für Schritt, das macht ihm soviel Freude, es nimmt alle Kinder mit.

Refrain: Das kleine Pony Tilly...

2. Das kleine Pony Tilly
trabt übers weite Feld,
das macht ihm soviel Freude,
so wie es auch uns gefällt.

Refrain: Das kleine Pony Tilly...

3. Das kleine Pony Tilly,
das rast jetzt im Galopp,
das macht ihm soviel Freude.
Kommt jetzt Kinder, hopp, hopp, hopp.

Refrain: Das kleine Pony Tilly...

4. Das kleine Pony Tilly
springt über Stock und Stein,
das macht ihm soviel Freude,
auch wir Kinder finden's fein.
„Schlaf gut!"

Nach oben nach unten!

Text und Musik: Stephen Janetzko; CD "Hoch wie ein Flummi"
© Edition SEEBÄR-Musik Stephen Janetzko, www.kinderliederhits.de

Nach oben, nach unten, nach links und nach rechts!
Nach oben, nach unten, nach links und nach rechts!
Nach vorne, nach hinten und wieder zurück!
Nach vorne, nach hinten und wieder zurück!
So gehen wir weiter im Kreise ein Stück.
La la...

Spielanregung:
Ein ganz einfaches Bewegungslied für die Kleineren.
Wir stehen im Kreise und machen die Bewegungen
(strecken, hocken, vor- und zurückbeugen) mit, danach
fassen wir ans an die Hände und gehen ein Stück im
Kreis (auch als Polonäse möglich).

Wir gehen schwimmen

Text und Musik: Stephen Janetzko; CD "Hoch wie ein Flummi"
© Edition SEEBÄR-Musik Stephen Janetzko, www.kinderliederhits.de
Tempo: ca. 168

Refrain:
Wir gehen schwimmen,
schwimmen, schwimmen, schwimmen.
Wir gehen schwimmen,
schwimmen, schwimmen, schwimmen.
Wir gehen schwimmen,
schwimmen, schwimmen, schwimmen.
Wir gehen schwimmen,
Schwimmen, das ist schön!

2. Mit den Füßen spritzen wir, olè.
3. Unter Wasser tauchen wir, olè.
4. Mit den Schloris schwimmen wir, olè.
5. Nach den Ringen greifen wir, olè.
6. Auf die Matten klettern wir, olè.
7. Und vom Rand, da springen wir, olè.
8. Wie die Fische blubbern wir, olè.

Spielanregung:
Zum Refrain "schwimmen" alle mit.
Ansonsten dem Text folgen.
Ideal auch schon zum Babyschwimmen,
in Schwimmlernkursen oder im
Schwimmunterricht einsetzbar.
Kann beliebig angepasst oder ergänzt
werden, z.B. durch die Nudeln tauchen,
mit den Brettchen schwimmen, mit den
Tieren spielen usw.

Eine lange Schlange

1. Ei-ne lan-ge Schlan-ge, der ist gar nicht ban-ge,
ei - ne lan-ge Schlan-ge, der ist gar nicht ban-ge.
Schnappt auf grü-nem Ra-sen ei-nen klei-nen Ha-sen.
Ei-ne lan-ge Schlan-ge, der ist gar nicht ban-ge.

2. Eine kleine Schnecke kam lahm um die Ecke,
eine kleine Schnecke kam lahm um die Ecke.
Hatte keine Eile, eher Langeweile.
Eine kleine Schnecke kam lahm um die Ecke.

3. Viele flinke Pferde flitzten auf der Erde,
viele flinke Pferde flitzten auf der Erde.
Sahen auf der Strecke nicht die kleine Schnecke...
Viele flinke Pferde flitzten auf der Erde.

4. Eine lange Schlange schaute ziemlich bange,
eine lange Schlange schaute ziemlich bange.
Plötzlich, ritsche-ratsche, ist die Schnecke Matsche.
Eine lange Schlange schaute ziemlich bange.

Spielanregung:
Als Fingerspiel:
Der Zeigefinger spielt zunächst die Schlange und
schnappt dann zusammen mit dem Daumen den
kleinen Hasen, den kleinen Finger der anderen Hand.
Bei "gar nicht bange" schütteln wir den Kopf.
Dann ist der Zeigefinger die kleine Schnecke, die
lahm um die Ecke kriecht; bei "keine Eile" schütteln
wir wieder den Kopf, bei "Langeweile" gähnt die
Schnecke (Finger langsam hochstrecken).
Nun kommen die Pferde: Alle Finger der anderen
Hand galoppieren auf dem Tisch oder Boden. Bei
"sahen...nicht" heben wir die freie Hand an den Kopf,
als würden wir in die Ferne schauen, und schütteln
wir wieder den Kopf.
Die Schlange (wieder den Zeigefinger nehmen) schaut
nun bange (Finger langsam hochstrecken), dabei
besorgt "oh!" ausrufen. Bei "ritsche-ratsche" laufen
die Pferde auf die andere Hand und trampeln darauf
herum, bis sie platt ist.

Kleiner Löwe, kleiner Tiger

Text und Musik: Stephen Janetzko; CD "Hoch wie ein Flummi"
© Edition SEEBÄR-Musik Stephen Janetzko, www.kinderliederhits.de

Refrain: Kleiner Löwe, kleiner Tiger,
zusammen sind sie immer Sieger.
Kleiner Löwe, kleiner Tiger,
zusammen sind sie immer Sieger.

2. Spielt der Löwe dann, macht er "roarh!"...
3. Jagt der Löwe dann, macht er "roarh!"...
4. Frisst der Löwe dann, macht er "roarh!"...
5. Ruht der Löwe dann, macht er "roarh!"...

6. Schläft der Löwe dann, macht er "chrrrr"
Schläft der Tiger dann, macht er "chrrrr!"
Dann müssen sie leis lachen, ha-ha-ha,
und träumen tolle Sachen, ha-ha-ha.

Spielanregung: Als Kreis- oder Fingerspiel.
Kreisspiel:
Zwei Kinder spielen (auf allen Vieren, wenn möglich) Löwe und Tiger. Bei "zusammen..." können beide sich umarmen oder an die Hand nehmen oder laut gemeinsam jubeln. Ansonsten dem Text folgen.
Fingerspiel:
Die Zeigefinger spielen Löwe und Tiger.
Bei "Löwe" den linken, bei "Tiger" den rechten Finger benutzen. Bei "zusammen..." die Finger zusammenhakeln. Ansonsten dem Text folgen.

DIE CD ZUM BUCH:

CD „Hoch wie ein Flummi" - Lieder für Zuhause, Eltern-Kind-Gruppe, Krabbelgruppe, Spielgruppe & Kindergarten; von & mit Stephen Janetzko.

Über die CD: Zum Mitsingen, Zuhören und Bewegen ca. ab 1 Jahr. Ideal fürs Baby, Krabbelkind & Kleinkind zu Hause, unterwegs, in Eltern-Kind-Gruppen, in der Krabbelgruppe, in der Spielgruppe und im Kindergarten.
■ Musik und Bewegung schon für die Allerkleinsten ■ Lieder zum Zuhören und Mitsingen ■ Ideale Tonlage für Kleinkinder ■ Inkl. aller Instrumentalversionen.

Inhalt:
1. Hoch wie ein Flummi (Flummi-Tanz) 4:26
2. Die Eisenbahn, die Eisenbahn 2:28
3. Wir tanzen jetzt im Kreis herum (Kinder-Kreis-Tanzlied) 3:43
4. Das Verkehrslied 4:11
5. Geburtstag ist heut! 1:39
6. Im Zoo, da geht es munter zu 2:35
7. Ich bin schon ein großes Kind 1:50
8. Das kleine Pony Tilly 2:55
9. Nach oben nach unten! 2:46
10. Wir gehen schwimmen 5:24
11. Eine lange Schlange 1:55
12. Kleiner Löwe, kleiner Tiger 4:04

Alterszielgruppe ca. ab 1-5 Jahre / Spieldauer ca. 76:33 min.
Bestellnummer 91033-274 - ISBN 978-3-941923-40-9
INFO & SHOP: www.kinderliederhits.de - © SEEBÄR-Musik (Labelcode LC 05037)

Weitere CD-Empfehlungen:

CD „Blubb blubb blubb macht der Fisch"
– Meine 15 schönsten Lieder für die Kleinsten. Zum Mitsingen, Zuhören und Bewegen ca. ab 1 Jahr

Lieder von & mit Stephen Janetzko.

Über die CD: Ideal fürs Baby, Krabbelkind & Kleinkind zu Hause, unterwegs, in Eltern-Kind-Gruppen, in der Krabbelgruppe, in der Spielgruppe und im Kindergarten

Inhalt:
1. Blubb blubb blubb macht der Fisch
2. Häng dich an, häng dich an (Wir fahrn mit der Eisenbahn)
3. Nasenmann und Ohrenfrau (Meine 7 Sinne)
4. Hallo und guten Morgen!
5. Die Finger gehen jetzt auf Reise (Fingerspiel)
6. Hallo, wir sind froh!
7. Der Hasentanz (All die kleinen Häschen)
8. Die Mama ist die 1 (Mama, Papa, Bruder, Schwester und ich)
9. Im Zoo, im Zoo, im Zoo
10. Engelchen, Engelchen (Schutzengel-Lied)
11. Ich gieße jedes Gänseblümchen
12. Riesen und Zwerge
13. Heute fallen Regentropfen
14. Auf dem Spielplatz (Spielplatz-Lied)
15. Alle braven Kinder schlafen (Schlaflied)

Alterszielgruppe ca. ab 1-5 Jahre / Spieldauer ca. 42:52 min.
Bestellnummer 91033-262 - EAN: 4032289004826
INFO & SHOP: www.kinderliederhits.de - © SEEBÄR-Musik (Labelcode LC 05037)

Weitere CD-Empfehlungen:

Stephen Janetzko:
CD Augen Ohren Nase - Neue Mitmach-, Lern- und Spielkreislieder von und mit Stephen Janetzko *für Kinder von 2-10 Jahren.*

„Für die Praxis in Spielkreis und Kindergarten bestens geeignet."
(aus: Töne für Kinder, 2005/2006).

"Die CD ist bei uns ein Dauerbrenner. Bi-Ba-Badewanne ist das Highlight bei jedem Baden. Diese CD ist wirklich für alle Eltern zu empfehlen. Note: 1+"
(V. Schmidt, Musiker + Papa).

In meist akustischem Gewand (Glockenspiel, Flöte, moderne natürliche Klänge) zehn zeitlose wie zeitgemäße neue Kinderlieder:
Für Kinder vom Vorkindergarten-Alter bis zur Grundschule.

U.a. dabei:
   das lehrreiche "Augen Ohren Nase"-Lied über alle fünf Sinne (zum Mitmachen)
   Kreisspiel zum "Kleinen Vampir", der Freunde findet
   Ratelieder wie "Ri-ra-ri-ra, rat einmal" und "Es war einmal ein Papagei"
   Mitmach-Klassiker "In meiner Bi-Ba-Badewanne" (alle waschen sich mit!) und "Kleiner Hampelmann"
   "Bauer Hans" (verschiedene landwirtschaftliche Arbeitsabläufe) - alle helfen mit!
   "Pi-Pa-Pustewind" (Jahreszeiten, Himmelsrichtungen)
   das leicht lernbare Abschluss-Lied "Reich mir die Hand" (auch als Kanon singbar)

Erweiterte Ausgabe ab sofort erhältlich: Enthält zusätzlich zur bisherigen Fassung alle Instrumentalfassungen auf der CD sowie ein 16-seitiges Booklet mit allen Noten, Gitarrengriffen, Liedtexten und vielen Spielanregungen.

Alterszielgruppe ca. 2-10 Jahre, ideal 3-8 Jahre - Spieldauer ca. 74 min.
Bestellnummer 91033-279 - ISBN 978-3-941923-98-0
INFO & SHOP: www.kinderliederhits.de - © SEEBÄR-Musik (Labelcode LC 05037)

Weitere CD-Empfehlungen:

"... endlich sind „ALLE" seine Lieder-Hits auf einer einzigartigen CD versammelt":

Stephen Janetzko:
CD Bi-Ba-Badewannen-Hits
- 20 Kinderlieder mit Gitarre -

Die schönsten und beliebtesten Kinderlieder von und mit Stephen Janetzko

Alle Liedtitel der CD:
1. Der Seebär (Mini)
2. In meiner Bi-Ba-Badewanne
3. Ritter Kunibert (1)
4. Guten Morgen, Leute
5. Das Duschlied
6. Der Seebär
7. Gute Laune (Kanon)
8. Hand in Hand
9. Ich schenk dir eine rote Rose
10. Indianer-Song
11. Geburtstag, Geburtstag
12. Bruderherz - komm, tanz mit mir!
13. Der Sommer kommt
14. Urlaub an der Nordsee
15. Arme hoch und Arme runter
16. Ich steh hier im Regen
17. Ritter Kunibert (2)
18. Laterne, Laterne, komm leuchte für mich
19. Komm, mein kleines Kätzchen
20. Gute Nacht, ihr lieben Leute

Über die CD:

Die schönsten und beliebtesten Kinderlieder von und mit Stephen Janetzko, fröhlich arrangiert mit einfacher Gitarrenbegleitung für zuhause, unterwegs oder zum Singen mit Kindergruppen.
Mit Songheft - im CD-Buch sind alle Liedertexte mit einfachen Gitarrengriffen zum Nachsingen, Lernen und Mitspielen enthalten. Außergewöhnlicher Extra-Bonus:
Alle Noten der CD gratis erhalten - mehr Info direkt in der CD.

„Einer der besten „Kinderlieder-Macher" in Deutschland: Seine Lieder sind einprägsam und gefühlvoll und gehen vorbildlich auf die Interessen und Bedürfnisse der Kinder ein."
(Schulkindergarten-Forum)

Alterszielgruppe ca. 1-10 Jahre/ Spieldauer **ca. 62:17 min.**
Best.-Nr. 91033-277, ISBN 978-3-941923-94-2
INFO & SHOP: www.kinderliederhits.de - © SEEBÄR-Musik (Labelcode LC 05037)

Weitere CD-Empfehlungen:

Kati Breuer:
CD Piepmatzlieder -– 25 frische Singhits für fröhliche Kinder zum Schaukeln, Trippeln, Stampfen und Zappeln
Kinderlieder für Eltern-Kind-Grupen, Krippe, Spielkreis, Kindergarten und natürlich für zu Hause

25 Lieder aus der Praxis für die Praxis - für Eltern-Kind-Grupen, Krippe, Spielkreis und Kindergarten und natürlich auch für zu Hause. Vom Igel und von den Zwergen, vom Anziehen und von den Farben, von zappelnden Fingern und streichelnden Händen, von bunten Tüchern und Seifenblasen.
Alle Lieder sind ideal zum Zuhören, Mitsingen und Bewegen für Kinder ab etwa einem Jahr.
Mit Bastelanleitung und geheimem Piepmatz-Extra.

*Alterszielgruppe ca. 1-6 Jahre, ideal 2-4 Jahre - Spieldauer ca. 69:19 min.
Bestellnummer 91033-288 - ISBN 978-3-95722-058-5*

INFO & SHOP: www.kinderliederhits.de
© SEEBÄR-Musik (Labelcode LC 05037)

Weitere CD-Empfehlungen:

Kati Breuer: CD Sankt Martin ritt durch Schnee und Wind - Die 25 schönsten Laternenlieder

DIE Laternen-CD zu Sankt Martin für alle Kindergruppen und zu Hause!

Stimmungsvoll arrangiert und gesungen von Kati Breuer und mit vielen fröhlichen Kinderstimmen. **Mit den 25 bekanntesten traditionellen sowie neuen Laterne-Liedern** u.a. von Elke Bräunling, Kati Breuer, Lieselotte Holzmeister, Stephen Janetzko, Peter Janssens, Detlev Jöcker, Richard Rudolf Klein, Rolf Krenzer, Klaus Neuhaus, Paul G. Walter und Rolf Zuckowski.

Zielgruppe ca. 2-9 Jahre/ Spielzeit ca. 66:17 min.
Best.-Nr. 91033-284 / ISBN 978-3-95722-059-2

Alle Lieder der CD:
1. Sankt Martin ritt durch Schnee und Wind
2. Laterne, Laterne, komm, leuchte für mich
3. Laterne, Laterne, Sonne, Mond und Sterne
4. Das Licht geht auf die Reise
5. Ich geh mit meiner Laterne
6. Ein bisschen so wie Martin
7. Brenn, Laterne
8. Kommt, wir wolln Laterne laufen
9. Laternenzeit, Laternenzeit
10. Durch die Straßen auf und nieder
11. Martinslied (Laterne, leuchte, leuchte hell)
12. Ein armer Mann (Sankt Martins Lied)
13. Laterne - zeige mir den Weg
14. Purzmurzel (Ein neues Laternenlied)
15. Wir tragen unsre Laternen (Laternenlied)
16. Abends, wenn es dunkel wird
17. Kleines Laternenlied
18. Ich hab eine feine Laterne
19. Hoch über uns die Sterne (Sankt Martin)
20. Licht in der Laterne
21. Meine Laterne
22. Guten Abend, lieber Mond
23. Ich schenk dir einen Stern (Sternenkinder-Lied)
24. Nimm deine Träume
25. Laternchen (Laternchen-Lied).

Die Texte der Lieder 1-6 befinden sich zusätzlich zum Mitsingen im Booklet, *das **vollständige** Liederbuch mit allen Texten, Noten und Gitarrengriffen zum Mitsingen und Mitspielen sowie eine Instrumentalausgabe sind neben dieser Gesangsfassung separat erhältlich.*

Zusätzlich erhältlich als Instrumentalausgabe:
Kati Breuer: CD Sankt Martin ritt durch Schnee und Wind - Die 25 schönsten Laternenlieder - Instrumental (Karaoke-Version), Best.-Nr. 91033-285 / ISBN 978-3-95722-062-2

Stephen Janetzko
(Autor, Liedermacher und Verleger)

Mit einer 20-minütigen MC „Der Seebär" fing alles an, heute sind es weit über 600 Kinderlieder, die der gebürtige Hagener Liedermacher bereits auf über 50 CDs und in zahllosen Liedsammlungen veröffentlicht hat. Viele davon, wie „Hallo und guten Morgen", „Wir wollen uns begrüßen", „Augen Ohren Nase", „Das Lied von der Raupe Nimmersatt", „Hand in Hand" oder „In meiner Bi-Ba-Badewanne", werden heute gesungen in Kindergärten, Schulen und überall, wo Kinder sind.

... mehr Info, mehr CDs, mehr Lieder & Noten:
www.kinderliederhits.de

Alle Rechte vorbehalten.
Dieses Werk ist urheberrechtlich geschützt. Jegliche Vervielfältigung und Verwertung ist nur mit Zustimmung der Autoren bzw. des Verlags zulässig. Das gilt insbesondere für Übersetzungen, die Einspeicherung und Verarbeitung in elektronischen Systemen sowie für das öffentliche Zugänglichmachen wie zum Beispiel über das Internet. Ein Nachdruck oder eine Weiterverwertung ist nur mit schriftlicher Genehmigung des Verlags möglich.

© Verlag Stephen Janetzko, **www.kinderliederhits.de**